（宋）蘇軾 撰

明成化本東坡七集

第二〇册

國家圖書館出版社

第一〇册目録

東坡奏議十五卷（卷第三—五）

重刊明成化本東坡七集

東坡奏議卷第三

繳詞頭奏狀六首 范子淵 吳荀 沈起 陳繹 張誠一 李定

乞罷詳定役法劄子 申省狀附

薦朱長文劄子

論椿管坊場役錢劄子

論諸處色役輕重不同劄子

議富弼配享狀

再乞罷詳定役法狀 申省狀附

乞留劉攽狀

繳楚建中戶部侍郎詞頭狀

乞不給散青苗錢斛狀

論每事降詔約束狀

乞加張方平恩禮劄子

論冗官劄子

辯試館職策問劄子二首

繳進給田募役議劄子 前連元豐八年十二月奏狀

論改定受冊手詔乞罷劄子

乞録用鄭俠王斿狀

薦布衣陳師道狀

乞留顧臨狀

繳詞頭奏狀六首

范子淵

元祐元年二月二十八日朝奉郎試中書舍人蘇軾狀奏今月二十八日准吏房送到詞頭一道司農少卿范子淵知兖州者右臣謹按子淵見爲殿中侍御史呂陶彈奏爲脩堤開河糜費巨萬及護堤壓埽之人溺死無數自元豐六年興役至七年功用不成其罪甚於吴居厚蹇周輔乞行廢放今來差知兖州臣欲作責詞又縁呂陶奏狀已進呈訖別無行遣其兖州又是節鎮自來係監司以上差遣即非責降有罪

去處臣欲不為責詞又緣子淵無故罷司農少卿出
領外郡似緣上件彈奏有此疑惑伏乞明降指揮合
與不合作責詞謹録奏 聞伏候 勑旨

吳荀

元祐元年三月十六日朝奉郎試中書舍人蘇軾狀
奏今月十六日准吏房送到詞頭一道朝散郎吳荀
可廣東運判者右臣聞孟子曰觀遠臣以其所主近
日 朝廷進監司全用舉主如吳荀者名迹無聞而
舉主三人乃呂惠卿楊汲黃履履之為人朝論不以
正人待之如惠卿汲窮姦積惡不待臣言而知今乃

擢其所舉使臨按一道臣實未曉其說所有告詞臣
未敢撰謹録奏　聞伏候　勑旨

沈起

元祐元年三月二十二日朝奉郎試中書舍人蘇軾
狀奏今月二十二日准刑房送到詞頭一道三省同
奉　聖旨沈起與敘朝散郎監嶽廟者右臣伏見熙
寧以來王安石用事始求邊功構隙四夷王韶以熙
河進章惇以五溪用熊本以瀘夷奮沈起劉彝聞而
效之結怨交蠻兵連禍結死者數十萬人蘇緘一家
坐受屠滅至今二廣創痍未復先帝始欲戮此二人

以謝天下而王安石等曲加庇護得全首領已為至
幸元豐六年三月二十四日　聖旨沈起所犯深重
永不敘用天下傳誦以為至當此乃先帝不刊之語
非今日以即位之恩所得赦也沈起與㬇各負天下
生靈數十萬性命雖廢錮終身猶未塞責近者只因
稍用劉㬇起不自量輒敢披訴妄以罪釁併歸於㬇
攀援把持期於必得臣謂安南之役起實造端而㬇
繼之法有首從而㬇吏幹學術猶有可取如起人材
猥下素行憸巇慶州兵叛起守永興流言始聞被甲
乘城驚動三輔幾致大變所至治狀人以為笑知杭

州日措置爲乖方致災傷之民死倍他郡與張靚等
違法燕飲交歡靡所不至　朝廷用彛既不允公議
而況於起萬無可赦之理今以一朝散郎監嶽廟誠
不足計較竊哀　先帝至明至當不刋之語輕就改
易誠不忍下筆草詞遂使四方群小陰相慶幸吕惠
卿沈括之流亦有可起之漸爲害不細伏望　聖明
深念　先帝永不敘用之詔未可改易而數十萬人
性命之寃亦未可忽忘　明詔有司今後有敢爲起
等輩乞敘用者坐之所有告詞臣未敢撰謹録奏
聞伏候　勑旨

陳繹

元祐元年四月二十三日朝奉郎試中書舍人蘇軾同朝請大夫試中書舍人范百祿狀奏今月二十二日准吏房送到詞頭内知建昌軍陳繹奉　聖旨差知兗州者右臣等勘會陳繹知廣州日私自取索用市舶庫乳香斤兩至多本犯極重以元勘不盡至薄其罪外買生羊寄屠行令供肉計虧價錢三十七貫有餘州宅元供養檀木觀音一尊繹别造紗木胎者貿易入已計虧官錢二貫文係自盜贓一疋二丈合准例除名縱男役將下禁軍織造坐褥不令赴教縱

男與道士何德順游從繹曲庇何德順弟何迪偷稅
金四百兩事不斷抽罰不覺察公使庫破男并隨行
助教供給食錢以公使穀養白鷴係竊盜自首不盡
贓罪杖其餘罪犯難以悉陳奉勑陳繹落職降官知
建昌軍其詞略曰蔽罪至於除名論贓至於自盜臣
等謹按繹資性傾險士行鄙惡當時所犯自合除名
建昌之命已犯公議豈宜收錄復典大邦非惟必致
人言亦恐姦邪復用其漸可畏所有告命不敢依例
撰詞謹錄奏 聞伏候 勑旨

貼黃再詳陳繹元犯若依法斷自盜除名雖後

來累該霈恩登極大赦其敍法止於散官即與
其他贓犯不同既以貸其除名今復與之大郡
將使貪墨無耻復蠹兖民非　朝廷爲民設官
慎選守長之意

張誠一

元祐元年五月十八日朝奉郎試中書舍人蘇軾同
范百禄狀奏今月十八日准本省刑房送到詞頭一
道奉　聖旨張誠一邪險害政有虧孝行追觀察使
遥郡防禦團練使刺史依舊客省使提舉江州太平
觀發赴本任者右臣等看詳張誠一無故多年不葬

親毋既非身在遠官又非事力不及冒寵忘親清議所弃猶獲提舉宮觀已駭物聽況諫官本言誠一開父棺櫬掠取財物使誠有之雖肆諸市朝猶不為過使誠無之亦當為誠一辨明緣事係惡逆不道非同尋常罪犯可以不盡根究今既體量未見歸着即合置司推鞫盡理施行所有告命臣等未敢撰詞謹録

奏　聞伏候　勑旨

貼黄據京西提刑司體量文字稱誠一取父排方犀腰帶緣葬埋歲久須令工匠重行裝釘是時誠一任客院副都承旨當直人從皆可考驗

及匵棺柩内更有賊人盜不盡物爲誠一等私
竊收藏其族人當有知者臣等欲乞詳酌依上
件事理根究施行

李定

元祐元年五月十八日朝奉郎試中書舍人蘇軾同
范百禄狀奏今月十八日准本省刑房送到詞頭一
道奉　聖旨李定備位侍從終不言毋爲誰氏强顔
匿志冒榮自欺落龍圖閣直學士守本官分司南京
許於揚州居住者右臣等看詳李定所犯若初無人
言即止是身負大惡今既言者如此　朝廷勘會得

實而使無毋不孝之人猶得以通議大夫分司南京
即是 朝廷亦許如此等類得據高位傷敗風教為
害不淺兼勘會定乞侍養時父年八十九歲於禮自
不當從定若不乞必致人言獲罪不輕豈可便將侍
養折當心喪考之禮法須合勒令追服所有告命臣
等未敢撰詞謹録奏 聞伏俟 勑旨

貼黄准律諸父母喪匿不舉哀者流二千里今
定所犯非獨匿而不舉又因人言遂不認其所
生若舉輕明重即定所坐難議於流二千里已
下定斷

乞罷詳定役法劄子

元祐元年五月二十五日朝奉郎試中書舍人蘇軾劄子奏臣近奏為論招差衙前利害所見偏執乞罷詳定役法尋奉　聖旨依所乞令來給事中胡宗愈却封還上件　聖旨切縁　聖旨本縁臣自知偏執乞罷即非　朝廷以臣異議罷臣胡宗愈不知候有論奏重念臣前來議論委是疎闊又況衙前招之與差所繫利害至重非止是役法中一事臣既不同決難隨衆簽書伏乞依前降指揮早賜罷免取進止

申省乞罷詳定役法狀

元祐元年五月空日朝奉郎試中書舍人蘇軾狀申

右軾近奏言招差衙前利害蓋緣所見偏執是致所

議不同理當黜責若朝廷察其愚忠非是固立異

論即乞早賜罷免詳定役法差遣所貴議論歸一謹

具申三省伏候指揮

薦朱長文劄子

元祐元年六月二十五日朝奉郎試中書舍人蘇軾

同鄧温伯胡宗愈孫覺范百禄等劄子奏臣等伏見

前許州司户參軍蘇州居住朱長文經明行脩嘉祐

四年乙科登第墮馬傷足隱居不仕僅三十年不以

勢利動其心不以窮約易其介安貧樂道闔門著書
孝友之誠風動閭里廉高之行著于東南本路監司
本州長吏前後累奏稱其士行經術乞朝廷旌擢
差充蘇州州學教授未蒙施行近奉詔中外臣僚
自監察御史已上並舉堪充内外學官二人此實
朝廷慱求人才廣育士類之意如長文者誠不可多
得其人行年五十餘昔苦足疾今亦能履臣等欲望
聖慈褒難進之節收久廢之材量能而使之特賜就
差充蘇州州學教授非惟禄餼賙養一鄉之善士實
使道義模範彼州之秀民取進止

貼黃伏乞特賜檢會新除楚州州學教授徐積
體例施行

論椿管坊場役錢劄子

元祐元年六月空日朝奉郎試中書舍人蘇軾白劄
子應坊場河渡錢及坊郭人户鄉村單丁女户官户
寺觀所出役錢及量添酒錢並作一處椿管通謂之
坊場等錢並用支酬衙前召募綱運官吏接送雇人
及應緣衙役人諸般支使如本州不足即申本路於
別州移用如本路不足即申户部於別路移用如府
縣即縣申提點司提點司申户部其有餘去處不得

為見有餘分外支破其不足去處亦不得為見不足
將合招募人却行差撥乞詳酌指揮

論諸處色役輕重不同劄子

元祐元年六月空日朝奉郎試中書舍人蘇軾白劄子勘會逐處色役各隨本處土俗事宜輕重不同借如盜賊多處以弓手耆長為重賦稅難催處以户長為重士人不閑書算處以曹司為重難以限定等第一槩立法今來若是衙前召募得足即須將以次重役於第一等户内差撥欲乞立下項條貫諸處色役委本路監司與逐處官吏同共相度立本處色役輕

重高下次第將冣重役從上差撥乞詳酌指揮

議富弼配享狀

元祐元年六月空日朝奉郎試中書舍人蘇軾同孫永李常韓忠彦王存鄧温伯劉摯陸佃傅堯俞趙瞻趙彦若崔台符王克臣謝景温胡宗愈孫覺范百禄鮮于侁梁燾顧臨何洵直孔文仲范祖禹辛公祐呂希純周秩顔復江公著狀奏近准勑節文中書省尚書省送禮部狀本部勘會　英宗配享功臣係神主祔廟後降勑以韓琦曾公亮配享所有　神宗皇帝神主祔廟所議配享功臣今乞待制以上及祕書省

長貳著作與禮部郎官并太常寺愽士以上同議奉
聖旨依右臣等謹按商書兹予大享于先王爾祖其
從與享之周官凡有功者名書於王之太常祭于大
烝司勲詔之 國朝祖宗以來皆以名臣侑食清廟
歷選勲德實難其人 神宗皇帝以上聖之資恢累
聖之業尊禮故老共圖大治輔相之臣有若司徒贈
太尉謚文忠富弼秉心直諒操術閎遠歷事三世計
安宗社熈寧訪落眷遇特隆匪躬正色進退以道愛
君之志雖沒不忘以配享 神宗皇帝廟廷實為宜
稱謹録奏 聞伏候 勑旨

再乞罷詳定役法狀

元祐元年七月二日朝奉郎試中書舍人蘇軾狀奏

右臣先曾奏論衙前一役只當招募不當定差執政

不以為然臣等奏乞罷免臣詳定役法奉聖旨不

許經今月餘前所論奏並不蒙施行而臣愚惷終執

所見近又竊見吏部尚書孫永奏駁臣所論蓋是臣

愚闇無狀上與執政不同下與本局異議若不罷免

即執政所欲立法無緣得成況今來季限已滿諸路

立法文字節次到局全藉通曉協同之人共力裁定

如臣乖異必害成法乞早賜指揮罷免所有臣固違

聖旨之罪亦乞施行謹録奏　聞伏候　勑旨

申省乞不定奪役法議狀

元祐元年七月空日朝奉郎中書舍人蘇軾狀申軾近奏乞罷詳定役法已奉　聖旨依奏竊見孫給事奏繳前件　聖旨乞取孫尚書及軾所議付臺諫給舍郎官定其是否然後罷其不可者須至申乞指揮右軾前後所論役法事軾已自知踈繆決難施行所有是否更無可定奪只乞依前降指揮行下軾自今日已後更不敢赴詳定所簽書公事伏乞早賜施行謹具申中書省伏候指揮

乞留劉攽狀

元祐元年七月二十三日朝奉郎試中書舍人蘇軾同胡宗愈孫覺范百禄等狀奏右臣等伏見朝議大夫直龍圖閣劉攽近自襄陽召還祕省旋以病乞出守蔡州自受命以來日就痊損假以數月必復康強謹按攽名聞一時身兼數器文章爾雅博學強記政事之美如古循吏流離困躓守道不回此皆　朝廷之所知不待臣等區區誦説但以人才之難古今所病舊臣日已衰老而新進長育未成如攽成材反在外服此有志之士所宜為　朝廷惜也欲望　聖慈

留欲京師更賜數月之告稍加任使必有過人臣等
備員侍從懷不能已冒昧陳論伏俟誅譴謹錄奏
聞伏候　勑旨

繳楚建中户部侍郎詞頭狀

元祐元年七月二十九日朝奉郎試中書舍人蘇軾
狀奏今月二十八日准中書吏房送到詞頭一道正
議大夫充天章閣待制致仕楚建中可户部侍郎者
右臣竊惟七十致仕古今通議非獨人臣有始終進
退之分亦在　朝廷為禮義廉恥之風若起之於既
謝之年待之以不次之任即須　朝廷有非常之政

而其人有絶俗之資才望既隆中外自服近者起文
彦愽天下屬目四夷革心豈有凡才之流亦塵盛德
之舉如建中輩決非其人竊料除目一傳必致群言
交上幸其未布可以追回所有前件告詞臣未敢撰
謹録奏　聞伏候　勑旨

乞不給散青苗錢斛狀

元祐元年八月四日朝奉郎試中書舍人蘇軾狀奏
准中書録黄先朝初散青苗本為利民故當時指揮
並取人户情願不得抑配自後因提舉官速要見功
務求多散諷脅州縣廢格詔書名為情愿其實抑配

或舉縣勾集或排門抄劄亦有無賴子弟謾昧尊長
錢不入家亦有他人冒名詐請莫知為誰及至追催
皆歸本户　朝廷深知其弊故悉罷提舉官不復立
額考校訪聞人情安便昨於四月二十六日有勑令
給常平錢斛限二月或正月只為人户欲借請者及
時得用又令半留倉庫半出給者只為所給不得輒
過此數至於取人户情願亦不得抑配一遵　先朝
本意慮恐州縣不曉　朝廷本意將為　朝廷復欲
多散青苗錢穀廣收利息勾集抑配督責嚴急一如
向日置提舉官時八月二日三省同奉　聖旨令諸

路提點刑獄司告示州縣並須候人户自執狀結保
赴縣乞請常平錢穀之時方得勘會依條支給不得
依前勾集鈔劄強行抑配仍仰提點刑獄常切覺察
如有官吏似此違法騷擾者即時取勘施行若提點
刑獄不切覺察委轉運安撫司覺察聞奏仍先次施
行者右臣伏見熙寧以來行青苗免役二法至今二
十餘年法日益弊民日益貧刑日益煩盗日益熾田
日益賤穀帛日益輕細數其害有不可勝言者今廊
廟大臣皆異時痛心疾首流涕太息欲已其法而不
可得者況 二聖恭已惟善是從免役之法已盡革

去而青苗一事乃獨因舊稍加損益欲行紾臂徐徐月攘一雞之道如人服藥病日益增體日益羸飲食日益減而終不言此藥不可服但損其分劑變其湯使而服之可乎熙寕之法本不許抑配而其害至此今雖復禁其抑配其害故在也農民之家量入為出縮衣節口雖貧亦足若令分外得錢則費用自廣何所不至況子弟欺謾父兄人户冒名詐請如詔書所云以此之類本非抑勒所致昔者州縣並行倉法而給納之際十費二三今既罷倉法不免乞取則十費五六必然之勢也又官吏無狀於給散之際必令酒

務設鼓樂倡優或關撲賣酒牌子農民至有徒手而歸者但每散青苗即酒課暴增此臣所親見而為流涕者也二十年間因欠青苗至賣田宅雇妻女投水自縊者不可勝數　朝廷忍復行之歟臣謂四月二十六日指揮以散及一半為額與熙寧之法初無小異而今月二日指揮猶許人戶情願請領未免於設法網民使快一時非理之用而不慮後日催納之患二者皆非良法相去無幾也今者已行常平糶糴之法惠民之外官亦稍利如此足矣何用二分之息以賈無窮之怨或云議者以為帑廩不足欲假此法以

贍邊用臣不知此言虛實若果有之乃是小人之邪
說不可不察昔漢宣帝世西羌反議者欲使民入穀
邊郡以免罪蕭望之以為古者藏於民不足則取有
餘則與西邊之役雖戶賦口斂以贍其乏古之通議
民不以為非豈可遂開利路以傷既成之化　仁宗
之世西師不解蓋十餘年不行青苗有何妨闕況
二聖恭儉清心省事不求邊功數年之後帑廩自溢
有何危急而以萬乘君父之尊負放欠取利之謗雖
刀之末所得幾何臣雖至愚深為　朝廷惜之欲乞
特降指揮青苗錢斛今後更不給散所有已請過錢

斛候豐熟日分作五年十料隨二税送納或乞
聖慈念其累歲出息已多自第四等以下人户並與
放免庶使農民自此息肩亦免後世有所譏議兼近
日謫降吕惠卿告詞云首建青苗力行助役若不盡
去其法必致姦臣有詞流傳四方所損不細所有上
件録黄臣未敢書名行下謹録奏　聞伏候　勑旨

論每事降詔約東狀

元祐元年九月　日翰林學士朝奉郎知制誥蘇軾
狀奏右臣聞之孔子曰天何言哉四時行焉百物生
焉天何言哉天子法天恭己正南面守法度信賞罰

而天下治三代令王莫不由此若天下大事安危所
係心之精微法令有不能盡則天子乃言在三代為
訓誥誓命自漢以下為制詔皆所以鼓舞天下不輕
用也若每行事立法之外必以王言隨而丁寧之則
是　朝廷自輕其法以為不丁寧則未必行也言既
屢出雖復丁寧人亦不信令者十科之舉乃　朝廷
政令之一耳況已立法或不如所舉舉主從貢舉非
其人律犯正入己贓舉主減三等坐之若受賄徇私
罪名重者自從重雖見為執政亦降官示罰臣謂立
法不為不重若以為未足又從而降詔則是詔不勝

降矣臣請略舉今年　朝廷所行薦舉之法凡有七事舉轉運提刑一也舉館職二也舉通判三也舉學官四也舉重法縣令五也舉經明行修六也與十科為七七事輕重略等若十科當降詔則六事不可不降今後一事一詔則褻慢王言莫甚於此若但取諫官之意或降或否則其義安在臣願戒勅執政但守法度信賞罰重惜王言以待大事而發則天下聳然敢不敬應所有前件降詔臣不敢撰謹録奏　聞伏候　勅旨

乞加張方平恩禮劄子

元祐元年十月　日翰林學士朝奉郎知制誥蘇軾劄子奏臣伏見太子太保致仕張方平以高才絕識博學雄文出入中外四十餘年號稱名臣　仁宗皇帝眷遇至重特以受性剛簡論高寡合故齟齬於世然趙元昊反西方用兵累歲不解公私疲極方平首建和戎之策　仁宗從之民以息肩書之國史又於熙寧之初首論王安石不可用及新法之行方平皆逆陳其害大節如此其餘政事文學有補於世未易悉數　神宗皇帝知人之明擢爲執政會丁憂服除爲安石等不悅而方平亦不爲少屈故不復用今已

退老南都以患眼不出灰心槁形與世相忘臣竊以
為國之元老歷事四朝耄期稱道為天下所服者獨
文彦博與方平范鎮三人而已今彦博在廷鎮亦復
用方平雖老杜門難以召致猶當加恩勞問表異其
人以示　二聖貴老尊賢之義今獨置而不問有識
共疑以為闕典願因大禮之後以向者召陪祠不至
特出　聖意少加恩禮或遣使就問國事覬其所論
必有過人臣忝備禁近不敢自外冒昧陳列戰越待
罪取　進止

論冗官劄子

元祐元年十月二十三日翰林學士朝奉郎知制誥蘇軾劄子奏臣伏見近日言者以吏部員多闕少欲清入仕之源救官冗之弊裁減任子及進士累舉之恩流外入官之數已有旨下吏部禮部與給舍詳議臣竊謂此數者行之則人情不悅不行則積弊不去要當求其分義務適厥中使國有去弊之實人無失職之歎然後爲得也欲乞應任子及進士累舉免解恩例並一切如舊只行下項

一奏蔭文官人每遇科場依進士法試大義策論如係武官即試弓馬或試法並三人中解一人

仍年及二十五已上方得出官內已舉進士得
解者免試如三試不中年及二十五已上亦許
出官應試大義策論及試法者在京隨進士赴
國學在外赴轉運司試弓馬者在京隨武舉人
赴武學在外轉運司差官
一進士累舉免解合推恩者並約嘉祐以前內中
數目立為定額如所試優長係額內人數即等
第推恩並許出官如係額外即並與一不出官
名銜
一流外入官人除近已有旨裁減三省恩例外其

餘六曹寺監等處及州郡監司人吏出職者並
委官取索文字看詳有無僥倖定奪酌中恩例
右若行此數者則任子雖有三試滯留之艱而無終
身絕望之歎亦使人人務學文臣知經術時務武臣
閑弓馬法律皆有益於事而進士累舉有詞學人自
得出官若無所能得虛名一官免為白丁亦無所恨
如有可採乞降下與前文字一處詳議取　進止
辯試館職策問劄子二首
元祐元年十二月十八日翰林學士朝奉郎知制誥
蘇軾劄子奏臣竊聞諫官言臣近所撰試館職人策

問有涉諷議　先朝之語臣退伏思念其畧曰今
朝廷欲師　仁祖之忠厚而患百官有司不舉其職
或至於媮欲法　神考之勵精而恐監司守令不識
其意流入於刻臣之所謂媮與刻者專指今之百官
有司及監司守令不能奉行恐致此病於　二帝何
與焉至於前論周公太公後論　文帝宣帝皆是為
文引證之常亦無比擬　二帝之意况此策問第一
第二首鄧温伯之詞末篇乃臣所撰三首皆臣親書
進入蒙　御筆點用第三首臣之愚意豈逃　聖鑒
若有毫髮諷議　先朝則臣死有餘罪伏願少回天

日之照使臣孤忠不為衆口所鑠臣無任伏地待罪
戰恐之至取　進止

又

元祐二年正月十七日翰林學士朝奉郎知制誥蘇
軾劄子奏臣近以試館職策問為臺諫所言臣初不
敢深辯蓋以自辯而求去是不欲去也今者竊聞明
詔已察其實而臣四上章四不允臣子之義身非己
有詞窮理盡不敢求去是以區區復一自言臣所撰
策問首引周公太公之治齊魯後世皆不免衰亂者
以明子孫不能奉行則雖大聖大賢之法不免於有

弊也後引文帝宣帝仁厚而事不廢核實而政不苛者以明臣子若奉行得其理無觀望希合之心則雖文帝宣帝足以無弊也中間又言六聖相受為治不同同歸於仁其所謂媮與刻者專謂今之百官有司及監司守令不識 朝廷所以師法 先帝之本意或至於此也文理甚明粲若黑白何嘗有毫髮疑似議及先朝非獨 朝廷知臣無罪可放臣亦自知無罪可謝也然臣聞之古人曰人之至信者心目也相親者母子也不惑者聖賢也然至於竊斧而知心目之可亂於投杼而知母子之可疑於拾煤而知聖賢

之可惑今言臣者不止三人交章累上不啻數十而
聖斷確然深明其無罪則是過於心目之相信母子
之相親聖賢之相知遠矣德音一出天下頌之史冊
書之自耳目所聞見明智特達洞照情僞未有如
陛下者非獨微臣區區欲以一死上報凡天下之爲
臣子者聞之莫不欲碎首糜軀效忠義於　陛下也
不然者亦非獨臣受曖昧之譖凡天下之爲臣子者
聞之莫不以臣爲戒崇尚忌諱畏避形迹觀望雷仝
以求苟免豈　朝廷之福哉臣自聞命以來一食三
歎一夕九興身口相謀未知死所然臣所撰策問以

實亦有罪若不盡言是欺　陛下也臣聞聖人之治
天下也寬猛相資君臣之間可否相濟若上之所可
不問其是非下亦可之上之所否不問其曲直下亦
否之則是晏子所謂以水濟水誰能食之孔子所謂
惟予言而莫予違足以喪邦者也臣昔於　仁宗朝
舉制科所進策論及所荅聖問大抵皆勸　仁宗勵
精庶政督察百官果斷而力行也及事　神宗蒙召
對訪問退而上書數萬言大抵皆勸　神宗忠恕仁
厚含垢納汙屈己以裕人也臣之區區不自量度常
欲希慕古賢可否相濟蓋如此也伏覩　二聖臨御

已來聖政日新一出忠厚大率多行 仁宗故事天
下翕然銜戴恩德固無可議者然臣私憂過計常恐
百官有司矯枉過直或至於媮而 神宗勵精核實
之政漸致惰壞深慮數年之後馭吏之法漸寬理財
之政漸踈備邊之計漸弛則意外之意有不可勝言
者雖 陛下廣開言路無所諱忌而臺諫所擊不過
先朝之人所非不過先朝之法正是以水濟水臣竊
憂之故輒用此意撰上件策問實以譏諷今之
朝廷及宰相臺諫之流欲 陛下覽之有以感動
聖意庶幾兼行二帝忠厚勵精之政也臺諫若以此

言臣　朝廷若以此罪臣則斧鉞之誅其甘如薺今
乃以為譏諷　先朝則亦疎而不近矣且非獨此策
問而已今者不避煩瀆盡陳本末臣前歲自登州召
還始見故相司馬光光即與臣論當今要務條其所
欲行者臣即荅言公所欲行者諸事皆上順天心下
合人望無可疑者惟役法一事未可輕議何則差役
免役各有利害免役之害掊斂民財十室九空錢聚
於上而下有錢荒之患差役之害民常在官不得專
力於農而貪吏猾胥得縁為姦此二害輕重蓋畧相
等今以彼易此民未必樂光聞之愕然曰若如君言

計將安出臣即荅言法相因則事易成事有漸則民
不驚昔三代之法兵農為一至秦始分為二及唐中
葉盡變府兵為長征之卒自爾以來民不知兵兵不
知農農出穀帛以養兵兵出性命以衛農天下便之
雖聖人復起不能易也今免役之法實大類此公欲
驟罷免役而行差役正如罷長征而復民兵蓋未易
也　先帝本意使民戶率出錢專力於農雖有貪吏
猾胥無所施其虐坊場河渡官自出賣而以其錢雇
募衙前民不知有倉庫綱運破家之禍此萬世之利
也決不可變獨有二弊多以供他用實封取寬剩役

錢爭買坊場河渡以長不實之價此乃王安石吕惠卿之陰謀非　先帝本意也公若盡去二弊而不變其法則民悦而事易成今寬剩役錢名為十分取二通計天下乃及十五而其實一錢無用公若盡去此五分又使民得從其便以布帛穀米折納役錢而官亦以為雇直則錢荒之弊亦可盡去如此而天下便之則公又何求若其未也徐更議之亦未晚也光聞臣言大以為不然臣又與光言熙寧中常行給田募役法其法以係官田及以寬剩役錢買民田以募役人大畧如邊郡弓箭手臣時知密州推行其法先募

弓手民甚便之此本　先帝聖意所建推行未幾為

左右異議而罷今畧計天下寬剩錢斛約三千萬貫

石兵興支用僅耗其半此本民力當復為民用今内

帑山積公若力言於上索還此錢復完三千萬貫石

而推行　先帝買田募役法於河北河東陝西三路

數年之後三路役人可減大半優裕民力以待邊鄙

緩急之用此萬世之利社稷之福也光尤以為不可

（此二事臣自別有畫一利害文字甚詳今此不敢備言）及去年二月六日勑下始行光

言復差役法時臣弟轍為諫官上疏具論乞將見在

寬剩役錢雇募役人以一年為期令中外詳議然後

立法又言衙前一役可即用舊人仍一依舊數支月
給重難錢以坊場河渡錢總計諸路通融支給皆不
蒙施行及蒙差臣詳定役法臣因得伸弟轍前議先
與本局官吏孫永傅堯俞之流論難反復次於西府
及政事堂中與執政商議皆不見從遂上疏極言衙
前可雇不可差　先帝此法可守不可變之意因乞
罷詳定役法當此之時臺諫相視皆無一言決其是
非今者差役利害未易一二遽言而弓手不許雇人
天下之所同患也　朝廷知之已變法許雇天下皆
以為便而臺諫猶累疏力爭由此觀之是其意專欲

變熙寧之法不復校量利害參用所長也臣為中書舍人刑部大理寺列上熙寧已來不該赦降去官法凡數十條盡欲刪去臣與執政屢爭之以謂 先帝於此蓋有深意不可盡改因此得存留者甚多臣每行監司守令告詞皆以奉守 先帝約束毋敢弛廢為戒文案具在皆可復按由此觀之臣豈謗議先朝者哉所以一一屢陳者非獨以自明誠見士大夫好同惡異泯然成俗深恐 陛下深居法官之中不得盡聞天下利害之實也願因臣此言警策在位救其所偏損所有餘補所不足天下幸甚若以其狂妄不

識忌諱雖賜誅戮死且不朽臣無任感恩思報激切戰恐之至取　進旨

繳進給田募役議劄子前連元豐八年十二月奏狀

元祐二年二月一日翰林學士朝奉郎知制誥蘇軾劄子奏臣前年十二月自登州召還草此奏狀乃未果上近因論事已具奏聞其畧切謂今日尚可推行輙備録前狀繳連申奏臣前來過鄆州本與京東轉運使范純粹同建此議純粹令臣發之已當繼之已而聞執政議不合故不復言然純粹講此事尤為精詳臣所不及若　朝廷看詳此狀可以施行即乞更

下純粹令具利害條奏取　進止

論改定受冊手詔乞罷劄子

元祐二年二月七日翰林學士朝奉郎知制誥蘇軾劄子奏臣近被　旨撰太皇太后將來只於崇政殿受冊手詔臣愚亦恐有是令非昔之嫌故其畧云

朝廷損益之文各從宜稱所以推廣　聖明謙抑退託之意言此文德受冊之禮於今為過於昔為稱也不悟文詞鄙淺未盡　聖意致煩改定謹按故事凡詞命有所改易為不稱職皆當罷去伏望　聖慈察其衰病廢學特賜解職以安微分臣無任待罪之至

取進止

乞録用鄭俠王斿狀

元祐二年三月　日翰林學士朝奉郎知制誥蘇軾狀奏右臣聞國之興衰繫于習俗若風節不競則朝廷自卑故古之賢君必厲士氣當務求難合自重之士以養成禮義廉恥之風臣等伏見英州别駕鄭俠向以小官觸犯權要冒死不顧以獻直言而秘閣校理王安國以布衣為　先皇帝所知擢至館閣召對便殿而兄安石為相若少加附會可立至富貴而安國挺然不屈不獨納忠于　先帝亦嘗以苦言至

計規戒其兄竟坐與俠遊從同時被罪呂惠卿首興
大獄鄧綰舒亶之徒構成其罪必欲置此人于死賴
先帝仁聖止加竄逐曾未數年逐惠卿而起安國今
來　朝廷赦俠之罪復其舊官經今踰年而俠終不
赴吏部參選考其始終出處之大節合於古之君子
殺身成仁難進易退之義　朝廷若不少加優異則
臣等恐俠浩然江湖徃而不返若溘先朝露則有識
必為　朝廷興失士之歎至于安國不幸短命尤為
忠臣義士之所哀惜臣等嘗識其少子斿敏而篤學
直而好義頗有安國之風養成其才必有可用欲望

聖慈召俠赴闕及考察旌行實與俠並賜録用不獨

旌直臣於九泉之下亦所以作士氣于當代也謹録

奏　聞伏候　勑旨

薦布衣陳師道狀

元祐二年四月十九日翰林學士朝奉郎知制誥蘇

軾同傅堯俞孫覺狀奏右臣等伏見徐州布衣陳師

道文詞高古度越流輩安貧守道若將終身苟非其

人義不徃見過壯未仕實為遺才欲望　聖慈特賜

録用以獎士類兼臣軾臣堯俞皆曾以十科薦師道

伏乞檢會前奏一處施行謹録奏　聞伏候　勑旨

乞留顧臨狀

元祐二年四月二十日翰林學士朝奉郎知制誥蘇軾同李常王存鄧温伯孫覺胡宗愈狀奏右臣等竊見給事中顧臨資性方正學有根本慷慨中立無所阿撓自供職以來封駮論議凛然有古人之風僥倖之流側目畏憚近聞除天章閣待制充河北都轉運使遠去　朝廷衆所嗟惜方今　二聖臨御肅正紀綱如臨等輩正當置之左右以輔闕遺或者謂緣黄河輟臨幹治臨之所學實有大於治河治河之才固有出臨之上者欲望　朝廷别選深知河事者以使

河北且留臨在　朝廷以盡忠亮補益之節臣等備位侍從懷有所見不敢不盡謹録奏　聞伏候
勑旨

東坡奏議卷第三

東坡奏議卷第四

論擒獲鬼章稱賀太速劄子
因擒獲鬼章論西羌夏人事宜劄子
乞詔邊吏無進取及論鬼章事宜劄子
乞約鬼章討阿里骨劄子
參定葉祖洽廷試策狀二首
大雪乞省試展限兼乞　御試不分初覆
考劄子
大雪論差役不便劄子
貢院劄子四首

奏巡鋪鄭永崇舉覺不當乞差曉事使臣

交替

奏劾巡鋪内臣陳慥

申明舉人盧君脩王燦等

論特奏名

省試放榜後劄子三首

乞裁減巡鋪兵士重賞

乞不分經取士

乞不分差經義詩賦試官

御試劄子二首

奏乞御試放榜館職皆侍殿上

放榜後論貢舉合行事件

乞罷學士除閑慢差遣劄子

論擒獲鬼章稱賀太速劄子

元祐二年八月二十七日翰林學士朝奉郎知制誥兼侍讀蘇軾劄子奏臣竊聞熙河經略司奏生擒西蕃首領鬼章宰相欲以明日稱賀臣愚以謂偏師獨克固亦可慶然行於明日臣謂太速如聞本路出兵非一見有一將方指青塘此乃阿里骨巢穴若更待三五日間必續有奏報賀亦未晚今者俘獲醜虜功

誠不細賞功勸後固不應輕然　朝廷方欲緝治邊防整肅驕慢若捷奏朝至舉朝夕賀則邊臣聞之自謂不世之奇功或恩禮太過則將驕卒惰後無以使臣願　朝廷鎮之以靜示之以不可測昔謝安破符堅書至安與客圍棋不輟曰小兒輩已遂破賊安亦非矯情蓋萬目觀望事體應爾所有明日稱賀乞更詳酌指揮臣受恩至深不敢不盡出位妄言罪當萬死取　進止

因擒鬼章論西羌夏人事宜劄子

元祐二年九月八日翰林學士朝奉郎知制誥兼侍

讀蘇軾劄子奏臣竊見近者熙河路奏生擒鬼章百官稱賀中外同慶臣愚無知竊謂安危之機正在今日若應之有道處之有術則安邊息民必自是始不然將驕卒惰以勝為災亦不足怪故臣區區欲乞陳前後致寇之由次論當今待敵之要雖狂愚無取亦臣子之常分昔　先帝用兵累年雖中國靡弊然夏人困折亦幾於亡橫山之地沿邊七八百里不敢耕者至二百餘里歲賜既罷和市亦絕虜中足帛至五十餘千其餘老弱轉徙牛羊墮壞所失蓋不可勝數飢羸之餘乃始欵塞當時執政大臣謀之不深因中

國厭兵遂納其使每一使賜予貿易無慮得絹五萬
餘疋歸鬻之其民匹五六千民大悅一使所獲率不
下二十萬緡使五六至而累年所罷歲賜可以坐復
既使虜因吾資以德其民且飽而思奮又使其窺我
厭兵欲和之意以為欲戰欲和權皆在我以故輕犯
邊陲利則進否則復求和無不可者若當時大臣因
虜之請受其詞不納其使且詔邊臣與之往返商議
所獲新疆取舍在我俟其詞意屈服約束堅明然後
納之則虜雖背恩反覆亦不至如今日之速也虜雖
有易我意然不得西蕃解仇結好亦未敢動夫阿里

骨董氊之賊臣也挾契丹公主以弒其君之二妻董
氊死匿喪不發逾年衆定乃詐稱嗣子僞書鬼章溫
溪心等名以請于朝當時執政若且令邊臣審問鬼
章等以阿里骨當立不立若　朝廷從汝請遂授節
鉞阿里骨眞汝主矣汝能臣之如董氊乎若此等無
詞則是諸羌心服既立之後必能統一都部吾又何
求若其不服則釁自彼爵命未下曲不在吾彼既一
國三公則吾分其恩禮各以一近上使額命之鬼章
等各得所欲宜亦無患當時執政不深慮此專以省
事為安因其妄請便授節鉞阿里骨自知不當立而

憂鬼章之討也故欲借力於西夏以自重於是始有解仇結好之謀而鬼章亦不平　朝廷之以賊臣君我也故怒而盜邊夏人知諸羌之叛也故起而和之此臣所謂前後致寇之由明主不可以不知者也雖既往不咎然可以為方來之鑒元昊本懷大志長於用兵亮祚天付兇狂輕用其衆故其為邊患皆歷年而後定今梁氏專國素與人多不協方内自相圖其能以創殘呻吟之餘久與中國敵乎料其姦謀蓋非元昊亮祚之比矣意謂二聖在位恭默守成仁恕之心著於遠邇必無用武之意可肆無厭之求蘭會諸

城鄜延五寨好請不獲勢脅必從猖狂之後求無不
獲計不過此耳今者切聞　朝廷降詔諸路勅勵戰
守深明逆順曲直之理此固當今之急務而詔書之
中亦許夏人之自新臣切以謂開之太急納之太速
曾未一戰而厭兵欲和之意已見乎外此復蹈前日
之失矣臣甚惜之今欲聞鬼章之捷或漸有款塞之
謀必將為恭很相半之詞而繼之以無厭之請若
朝廷復納其使則是欲戰欲和權皆在虜有求必獲
不獲必叛雖媮一時之安必起無窮之釁故臣願明
主斷之於中深詔大臣密勅諸將若夏人款塞當受

其詞而却其使然後明勅邊臣以夏人受恩不貲無
故犯順今雖款塞反覆難保若實改心向化當且與
邊臣商議苟詞意未甚屈服約束未甚堅明則且却
之以示吾雖不逆其善意亦不汲汲求和也彼若心
服而來吾雖未納其使必不於往返商議之間遽復
盜邊若非心服則吾雖蕩然開懷待之如舊能必其
不叛乎今歲涇原之入豈吾待之不至耶但使吾兵
練士飽斥候精明厲無大獲不過數年必自折困今
雖小勞後必堅定此臣所謂當今待敵之要亦明主
不可以不知者也今　朝廷意在息民不憚屈己而

臣獻言乃欲艱難其請不急於和似與　聖意異者
然古之聖賢欲行其意必有以曲成之未嘗直情而
徑行也將欲翕之必固張之將欲取之必固予之夫
直情而徑行未有獲其意者也若權其利害究其所
至則臣之愚計於安邊息民必久而固與　聖意初
無小異然臣竊度一朝廷之間似欲以畏事為無事
者臣竊以為過矣夫為國不可以生事亦不可以畏
事畏事之弊與生事均譬如無病而服藥與有病而
不服藥皆可以殺人夫生事者無病而服藥也畏事
者有病而不服藥也乃者阿里骨之請人人知其不

當予而　朝廷予之以求無事然事之起乃至於此不幾於有病而不服藥乎今又欲遽納夏人之使則是病未除而藥先止其與幾何臣於侍從之中受恩至深其於委曲保全與衆獨異故敢出位先事而言不勝恐悚待罪之至取　進止

乞詔邊吏無進取及論鬼章事宜劄子

元祐二年九月二十七日翰林學士朝奉郎知制誥兼侍讀蘇軾劄子奏臣聞善用兵者先服其心次屈其力則兵易解而功易成若不服其心惟力是恃則戰勝而寇愈深況不勝乎功成而兵不解況不成乎

頃者西方用兵累年　先帝之意在弔伐而貪功生事之臣惟務殺人爭地得尺寸之土不問利害先築城堡置州縣使四夷爭畏中國以謂　朝廷專欲得地非盡滅我族類不止是以併力致死莫有服者今雖　朝廷好生惡殺不務遠畧而此心未信憎畏未衰心既不服惟有鬬力力屈情見勝負未可知也今日新獲鬼章威震戎狄邊臣賈勇爭欲立功以為河南之地指顧可得正使得之不免築城堡屯兵置吏積粟而守之則中國何時息肩乎乃者王韶取熙河全師獨克使韶有遠慮誅其叛者乃以忠順即用

其豪酋而已則今復何事其所以兵連禍結罷弊中國者以郡縣其地故也往者既不可悔而來者又不以為戒今又欲取講主城曰此要害地不可不取方唐盛時安西都護去長安萬里若論要害自此以西無不可取者使諸羌知中國有進取不已之意則寇愈深而兵不解其禍豈可量哉臣願陛下深詔吏民叛則討之服則安之自今以往無取尺寸之地無焚廬舍無殺老弱如此朞年諸羌可傳檄而定然 朝廷至意亦自難喻將帥未必從也雖日行文書終恐無益宜驛召陝西轉運使一員赴闕面勑戒之使歸

以諭將帥而察其不如詔者臣又竊聞朝論謂鬼章
犯順罪當誅死然譬之鳥獸不足深責其子孫部族
猶足以陸梁於邊全其首領以累其心以為重質庶
獲其用此實當今之良策然臣竊料鬼章兇豪素貴
老病垂死必不能甘於困辱為久生之計自知生存
終不得歸徒使其臣子首鼠顧忌不敢復讎必將不
食求死以發其衆之怒就使不然老病愁憤自非久
生之道鬼章若死則其臣子專意復讎必與阿里骨
合而北交於夏人此正胡越同舟遇順風之勢其交
必堅而溫溪心介於阿里骨夏人之間地狹力弱其

勢必危若見并而吾不能救使二寇合三面以窺熙
河則其患未可以一二數也如臣愚計可詔邊臣與
鬼章約若能使其部族討阿里骨而納趙純忠者當
放汝生還質之天地示以必信鬼章若從則稍富貴
之使其信臣而喻至意焉鬼章既有生還之望不為
求死之計其衆必從以鬼章之衆與溫溪心合而討
阿里骨其勢必克既克而納純忠雖放還鬼章可以
無患此必然之勢也西羌本與夏人世仇而鬼章本
與阿里骨不恊若許以生還其衆必相攻縱未能誅
阿里骨一足以使二盜相疑而不合也昔太史慈與

孫策戰幾殺策策後得慈釋不誅放還豫章卒立奇功李愬得吳元濟將李祐解縛用之與同臥起卒擒元濟非豪傑名將不能行此度外事也議者或謂鬼章之獲兼用近界酋豪力戰而得之仇怨已深若放生還此等必無全理臣以謂不然若鬼章死於中國其衆讎此等必深若其生還其讎之亦淺此等依中國為援足以自全自古西羌之患惟恐解仇結盟若所在為讎敵正中國之利無可疑者臣出位言事不勝恐悚待罪之至取 進止

乞約鬼章討阿里骨劄子

元祐二年十月七日翰林學士朝奉郎知制誥兼侍讀蘇軾劄子奏臣近者竊見劉舜卿賀表具言阿里骨罪狀又竊聞舜卿乞削阿里骨官爵又竊聞阿里骨上章請命議者或欲許其自新以臣愚慮二者之說皆未為得何者阿里骨兇狡反覆必無革面洗心之理今聞其女已嫁梁乞逋之子度其久遠必須恊力致死共為邊患今來上章請命蓋是部族新破衆叛親離恐吾乘勝致討力未能支故匿情忍詬以就大事若得休息數年蓄力養銳假吾爵命以威脅諸羌誅不附己者羽翼旣成西北相應必為中原之憂

非獨一方之病也且夏賊逆天犯順本因輕料　朝
廷以為必不能討已今若便從阿里骨之請則其所
料良不為過西蕃小醜朝為叛逆暮許通和則夏國
之請理無不許二寇滔天自若欲戰欲和無不可者
則西方之憂無時而止矣然遂從舜卿之請削奪官
爵即須發兵深入致討彼新喪大首領舉國戒懼我
師深入苟無他奇恐難以得志臣愚以謂當使邊將
發厚幣遣辨士以離其腹心壞其羽翼今聞溫溪心
等諸族已為所質勢未能動而心侔欽氊在其肘腋
迹同而心異若用臣前計使邊臣與鬼章約若能使

其部族與温溪心斂氊等合而討阿里骨納趙純忠即許以生還此政所謂以夷狄攻夷狄計無出此者若朝廷便許阿里骨通和即須推示赤心待之如舊不可復用計謀以圖此賊數年之後必自飛揚此所謂養虎自遺患者也故臣願朝廷既不納其通和之請又不削奪其官爵存而勿論置之度外陰使邊臣以計圖之似為得策臣屢瀆天聽罪當誅死取進止

參定葉祖洽廷試策狀二首

元祐二年十月二十一日翰林學士朝奉郎知制誥

兼侍讀蘇軾同蘇轍劉攽狀奏准元祐二年十月十
一日尚書省劄子節文臣寮上言近聞兵部郎中葉
祖洽改禮部郎中給事中趙君錫封駁以為不當兼
論祖洽廷試對策有訕及宗廟之語臣愚今詳君錫
所駁極為未允臣取祖洽印本試策尋究即無譏訕
之言不知君錫何以見其譏訕也伏望　陛下令君
錫條具祖洽譏訕之言下近臣參定以明枉直庶使
策試之士謀議之臣悉心不回毋悼後害三省同奉
聖旨令翰林學士中書舍人諫議大夫同共參定聞
奏者右臣等竊謂　先帝親策貢士本欲人人盡言

無所回忌士之論事必欲究極始末其語或及　祖
宗事有是非義難隱諱但當考其所言當否以為進
退不可一一指為謗訕取到葉祖洽所試策卷子看
其略云　祖宗以來至于今紀綱法度苟簡因循而
不舉者誠不為少又云與忠智豪傑之臣合謀而鼎
新之臣等以謂　祖宗撥亂反正承平百年紀綱法
度最為明備縱使時異事變理合小有損益亦不當
謂之因循苟簡便欲　朝廷與大臣合謀而鼎新之
詳此顯是祖洽學術淺暗議論乖繆若謂之譏訕
宗廟則亦不可謹録奏　聞伏候　勅旨

貼黃臣等准　朝旨與諫議大夫同共參定聞
奏今據左諫議大夫孔文仲牒已別狀奏陳更
不連書

又貼黃葉祖洽及第日臣軾係編排官曾奏乞
行黜落今已具事實別狀奏聞去訖

又

元祐二年十月二十二日翰林學士朝奉郎知制誥
兼侍讀蘇軾狀奏右臣近奉　聖旨參定葉祖洽所
試策臣已與劉攽等定奪奏聞去訖臣今看詳元降
臣寮上言有云凡在　朝廷大臣率多當時考試之

官信有此語安敢擢在第一臣等今來定奪得葉祖
洽顯是學術淺暗議論乖繆緣祖洽及第時臣係編
排官據初考官吕惠卿等定祖洽為第三等中合在
甲科覆考官宋敏求等定祖洽為第五等中合是黜
落臣曾具事由聞奏乞行黜落兼據祖洽元試策卷
子云　祖宗以來至于今紀綱法度因循苟簡而不
舉者誠為不少今來祖洽上章自辯却減落上件言
語只云　祖宗已來至於今紀綱制度比之前古亦
有因循未舉之處顯見祖洽心知苟簡之語為不可
故行減落謹録奏　聞伏候　勑旨

大雪乞省試展限兼乞　御試不分初覆考

劄子

元祐三年正月空日翰林學士朝奉郎知制誥兼侍讀蘇軾劄子奏臣竊見近者大雪方數千里道路艱塞四方舉人赴省試者三分中未有二分到闕　朝廷雖議展限然迫於三月放榜所展日數不多至時若噶下三五百人趂時不及即恐孤寒舉人轉見失所亦非　朝廷急才喜士之意欲乞自今日已往更展半月方始差官仍令禮部疾速雕印出榜曉示旁近州郡但未試以前到者並許投保引試若慮放榜

遲延恐趂三月内不及即乞省試添差小試官十人
却促限五七日出榜臣又竊見自來　御試差官分
為初考覆考編排詳定四處日限既迫考官又少以
此多不暇精詳又緣初覆考官不敢俟卷子齊足方
定等第只是逐旋據謄録所關到卷子三十五十卷
便定等第以此前後不相照所定高下或寄於幸與
不幸深為不便不若只依南省條式聚衆考官為一
處通用日限候卷子齊足衆人共定其等第不惟精
詳寡失又　御試放榜亦可以速了臣竊意　祖宗
之法所以分考官為四處者蓋是當時未有封彌謄

録故須分别以防弊倖今來既有封彌謄録縱欲循
私其勢無由若只依南省條格委無妨礙乞賜詳酌
指揮取 進止

大雪論差役不便劄子

元祐三年二月九日翰林學士朝奉郎知制誥兼侍
讀蘇軾劄子奏臣伏見 陛下發德音下明詔以大
雪過常燰氣不效農夫失業商旅不行引咎在躬涣
汗之澤覃及方外而詔下之夕雪作不已臣備位近
侍誠竊感憤廢食而歎退伏思念 陛下即位以來
發政施仁無一不合人心順天意者當獲豐年刑措

之報鳳凰景星之瑞而水旱作沴常寒為罰殆無虛

日此豈理之當然者哉臣誠愚惷不識忌諱試論其

近似者而　陛下擇焉臣聞差役之法天下以為未

便獨臺諫官數人者主其議以為不可改磨礪四顧

以待言者故人畏之而不敢發耳近聞疎遠小臣張

行者力言其弊而諫官韓川深詆之至欲重行編竄

此等亦無他意方司馬光在時則欲希合光意及其

既沒則妄意陛下以為主光之言殊不知光至誠盡

公本不求人希合而　陛下虛心無我亦豈有所主

哉使光無恙至今見其法稍弊則更之乆矣臣每見

呂公著安燾呂大防范純仁皆言差役不便但爲已
行之令不欲輕變兼恐臺諫分爭卒難調和願　陛
下問公著等令指陳差雇二法各有若干利害昔日
雇役中等人户歲出錢幾何今者差役歲費錢幾何
及幾年一次差役皆可以折長補短約見其數以此
計筭利害灼然而况農民在官貪吏猾胥百端蠶食
比之雇人若樂十倍又五路百姓例皆朴拙差手分
須至轉雇慣習人尤爲患苦其費不貲民窮無告監
司守令觀望不言若非此一事則何以感傷陰陽之
和至於如此雖責躬肆眚徹膳禱祠而此事不變終

恐無益今侍從之中受恩至深無如小臣臣而不言

誰當言者然臣前歲因詳定役法與臺諫異論遂爲

其徒所疾屢遭口語今來所言若不合　聖意即乞

便行責降以戒妄言若萬一少有可采即乞留中只

作　聖意行下庶幾上荅天戒下全小臣不勝恐栗

待罪之至取　進止

貢院劄子四首

奏巡鋪鄭永崇舉覺不當乞差曉事使臣交替

元祐三年二月空日翰林學士朝奉郎知制誥蘇軾

同孫覺孔文仲劄子奏貢院今月三日據巡鋪官鄭

永崇領戒到進士王太初王慱雅稱是傳義問得舉
人各稱被巡鋪官誣執尋令巡鋪官宣德郎王厚將
逐人卷子與衆官點對得逐人試卷内有一十九字
同即不成片段本院檢准條貫惟經學不許傳義口
授者同至於進士須是懷挾代筆方令扶出令來逐
人試卷點對得只有一十九字偶同别無違礙顯是
巡鋪官鄭永崇舉覺不當兼兩日内巡鋪内臣屢將
曖昧單詞令本院扶出舉人本院未敢施行見奏取
旨及有巡鋪所手分楊觀作過本院依法區分其巡
鋪内臣並來簾前告屬堅要放免本院亦不敢依隨

以此挾恨羅織舉人必欲求勝今來進士尚有兩甲
諸利尚有一十五場未曾引試若信令巡鋪官內臣
挾情羅織即舉人無由存濟欲望　聖慈速賜指揮
或且勾回石君召鄭永崇兩人却差曉事使臣交替
所貴不致非理生事取　進止

奏劾巡鋪內臣陳慥

元祐三年二月空日翰林學士朝奉郎知制誥蘇軾
同孫覺孔文仲劉子奏貢院令月三日據巡鋪官捉
到懷挾進士共三人依條扶出逐次巡鋪官並令兵
士高聲唱叫至令月十一日扶出進士蔣立時約有

兵士三五十人齊聲大叫在院官吏公人無不驚駭

在場舉人亦皆恐悚不安尋取到虎翼節級李及等

狀稱是巡鋪内臣陳慥指揮令衆人唱叫竊詳　朝

廷取士之法動以禮義舉人懐挾自有條法而内臣

陳慥乃敢號令衆卒齊聲唱叫務欲摧辱舉人以立

威勢傷動士心損壞國體本院無由指約伏望　聖

慈特賜行遣取　進止

申明舉人盧君脩王燦等

元祐三年二月空日翰林學士朝奉郎知制誥蘇軾

同孫覺孔文仲劄子奏貢院今月三日據巡鋪官押

領到進士盧君脩王燦稱是傳義却問得舉人稱是盧君脩來就王燦問道不知耿鄧之洪烈為復是洪烈為復是洪勲其王燦别無應對當院看詳若將問字使作傳義未為允當已一面且令逐人就試乞早降指揮合與不合一例考校取　進止

論特奏名

元祐三年二月二十九日翰林學士朝奉郎知制誥蘇軾同孫覺孔文仲劉子奏臣等伏見從來天下之患無過官冗人人能言其弊而不能去其害惟往年韓琦富弼等獨能裁減任子及展年磨勘發議之初

士大夫相顧莫敢以身當之者以為必致謗議而琦
等不顧既立成法天下肅然無一人非之者何則私
欲不可以勝公議故也流弊之極至於今日一官之
闕率四五人守之爭奪紛紜廉耻道盡中材小官闕
遠食貧到官之後求取漁利靡所不為而民病矣今
日之弊譬如羸病之人負千鈞之重縱未能分減豈
忍更添臣等自入貢院四方免解舉人投狀稱今來
是龍飛榜乞為敷奏法外推恩者不可勝數臣等一
切不行兼不住有經　朝省下狀蒙送下本院只是
坐條告示近准　聖旨依逐舉體例下第舉人各以

舉數特奏名已約計四百五十人今日又准尚書省
劄子取前來　聖旨特奏名外各遞減一舉人數若
依此數則又添數百人雖未知　朝廷作何行遣不
當先事建言但恐　朝廷已行即論奏不及臣等伏
見恩榜得官之人布在州縣例皆垂老別無進望惟
務黷貨以為歸計貪冒不職十人而九　朝廷所放
恩榜幾千人矣何曾見一人能自奮勵有聞於時而
殘民敗官者不可勝數以此知其無益有損不言可
知今之議者不過謂即位之初宜廣恩澤苟以悅此
僥倖無厭數百人者而不知吏部以有限之官待無

窮之吏户部以有限之財禄無用之人而所至州縣

舉罹其害乃即位之初有此過舉謂之恩澤非臣所

識也伏乞斷自　聖意明勅大臣特奏名舉人只依

近日　聖旨指揮仍詔殿試考官精加考較量取一

二十人委有學問詞理優長者即許出官其餘皆補

文學長史之類不理選限免使積弊之極增重不已

臣等非不知言出怨生既忝近臣理難緘默取進止

貼黄臣覺見備員吏部親見其害闕每一出爭

者至一二十人雖川廣福建煙瘴之地不問日

月遠近准欲爭先注授臣竊怪之陰以訪問以

為授官之後即請雇錢多者至五七十千又既
授遠闕許先借料錢遠者許借三月又得四十
餘千以貪惏無知之人又以衰老到官之後望
其持廉奉法盡公治民不可得也

省試放榜後劄子三首

乞裁減巡鋪兵士重賞

元祐三年三月空日翰林學士朝奉郎知制誥蘇軾
同孫覺劉子奏臣等近奉　勅權知貢舉竊謂　朝
廷待士之意本於禮義而輔以文法雖有懷挾傳義
之禁然事皆付之主司終不以此多辱士類虧損國

體近年緣練亨父為試官非理淩忽舉人遂致喧競
因此多差巡鋪兵士南省至一百人訶察嚴細如防
盜賊而恩賞至重官員使臣減年磨勘指射差遣諸
色人支錢多至六百貫若非理羅織却無指定深重
刑名緣此小人貪功希賞搜探懷袖衆證以成其罪
其間不免冤濫近者内臣石君召鄭永崇陳慥非理
搜捕臣等已具論奏尋蒙　朝廷取問行遣訖欲乞
下有司立法裁減重賞及減定巡鋪兵士人數如非
理羅織舉人即重行責罰以稱　朝廷待士之意取
進止

乞不分經取士

元祐三年三月空日翰林學士朝奉郎知制誥蘇軾同孫覺劄子奏臣等近奉　勑權知貢舉竊見自來條貫分經取士既於逐經中紐定分數取人或一經中合格者少即取詞理淺謬卷子以足其數如合格者多則雖優長亦須落下顯是弊法將來兼用詩賦不專經義欲乞今後更不分經專以工拙為去取取進止

乞不分差經義詩賦試官

元祐三年三月　日翰林學士朝奉郎知制詔蘇軾

同孫覺劄子奏臣等近奏為將來科場既復詩賦乞
更不分經取人已奉　聖旨依奏今來却見禮部新
立條貫將來科場如差試官三員者以二員經義一
員詞賦兩員者各差一員臣等竊謂既復詩賦與經
義策論通考舉人尚不分經而試官乃分而為二甚
無謂也凡差試官務在有詞學者而已若得其人則
治易及第不害其能問春秋經義入官不害其能考
詩賦若不得人雖用本科不免乖錯須自聲律變為
經義則詩賦之士便充試官何曾別求經義及第之
人然後取士若必用本科各考所試則經義策論詩

賦四場文理不同亦須各差試官一人而後可此本
議者私憂過計而有司不察便為創立此條使一試
院中有兩頭項試官自有科場以來無此故事自來
試官患在爭競不一又分為兩黨試經義者主虛浮
之文考詩賦者主聲病之學紛紜爭競理在不疑舉
人聞之必興詞訟為害如此了無所益今來　朝廷
既復詩賦又立此條深恐天下監司妄意　朝廷必
欲用詩賦之人為試官不問有無詞學一例差充其
間久離科場之人或已廢學若用虛名差使顯不如
經義及第有文之人人之有材何施不可經義詩賦

等是文詞而議者便謂治經之人不可使考詩賦何
其待天下士大夫之薄也欲乞特賜指揮今後差試
官不拘曾應經義詩賦舉者專務選擇有詞學人充
其禮部近日所立條貫更不施行取　進止

御試劄子二首

奏乞　御試放榜館職皆侍殿上

元祐三年三月空日翰林學士朝奉郎知制誥蘇軾
同孫覺劉子奏臣等近奉勅權知貢舉竊見自來
御試放榜日館職皆在殿上祗候乃是　祖宗舊法
以彰王國多士之美熙寧中因閤門偶失檢舉不令

上殿自此遂爲定制欲乞檢會治平以前故事施行
取進止

放榜後論貢舉合行事件

元祐三年三月　日翰林學士朝奉郎知制誥蘇軾
劄子奏臣近領貢舉侍立殿上祗候放榜伏見舉人
程試有犯　皇帝舊名者有旨特許依本等賜第又
有犯眞宗舊名者執政亦乞依例收録而　陛下親
發德音以謂此人犯　祖宗廟諱不可不降等已而
又有犯　僖宗廟諱者有旨押出在廷之人無不稽
首欣服臣與同列退相告語非獨以見　聖人畏躬

尊祖之意亦足以知　陛下嚴於取士之法不好小
惠以求虛名臣備位禁近固當推廣　聖意將順其
美而補其所未備謹具貢舉合行事件畫一如左
一伏見　祖宗舊制過省舉人一經殿試黜落不
少既以慎重取人又以見名器威福專在人主
至嘉祐中始盡賜出身然猶不取雜犯而近歲
流弊之極雜犯亦或收録遂使過省舉人便同
及第縱使紕繆亦玷科舉恩澤既濫名器自輕
非　祖宗本意也自來過省舉人限年累舉積
日持久方該特奏名恩今來一次過省殿試不

合格當年便得進士出身此何義也伏乞下省

司立法將來殿試除放合格人外其餘並皆黜

落或乞以分數立額取人所貴上無姑息下絶

僥倖之心如聞已有去取二分指揮然有法不

行與無法同如已有法即乞申明仍告諭天下

將來殿試依法去取

一自來釋褐舉人惟南省榜首或本場第一人唱

名近下者或有旨升一甲然皆出自　聖意初

無著令今者南省十人已上及别試第一人國

學開封解元武舉第一人經明行脩舉人與凡

該特奏名人正及第者皆著令升一甲紛然並
進士不復以升甲為榮而法在有司恩不歸於
人主甚無謂也竊謂累奏舉名已是濫恩而經
明行脩尤是弊法其間權勢請托無所不有侵
奪解額崇奬虛名有何功能復令升甲人主所
以礪世磨鈍正在科舉等級升降榮辱之間今
乃輕以與人不復愛惜臣所未喻伏望　聖慈
更與大臣詳議前件著令乞賜刋削今後殿試
唱名除南省逐場第一人臨時取旨外其餘更
不升甲所貴進退之權專在人主其經明行修

一科亦乞詳議早行廢罷

一臣近在貢院與孫覺孔文仲同入劄子論特奏名人恩澤太濫未蒙施行伏乞檢會前奏降付有司詳議裁減仍乞立法應特奏名人授文學長史之類今後南郊赦書更不許召保出官

一伏見近日禮部立法今後科場差試官三人者一人詩賦二人經義差兩人者詩賦經義各一人臣謂此法不可施行凡差試官務在選擇能文之士若得其人則治易及第不害其能問春秋經義入官不害其能考詩賦若不得人正用

本科不免錯繆須自聲律變為經義則詩賦之
士便充試官何曾別求經義及第之人然後取
士若必用本科各考所試則經義詩賦策論四
場文理不同亦須各差試官一人而後可此本
言者私憂過計而有司不察便為生出此條自
有科場以來無此故事今後每一試院分兩頭
項試官問經義者則主虛浮之文考詩賦者則
貴聲病之學紛紜爭競理在不疑自此科場日
有詞訟為害不小了無所益今來　朝廷既復
詩賦又立此條深恐天下監司妄意　朝廷必

欲用作詩賦之人為試官不問有無詞學一例差充其間久離場屋之人或已廢學若用麤名差使顯不如經義及第有文之人欲乞特賜指揮今後差試官不拘經義詩賦專務選擇有詞學之人其禮部近日所立條貫更不施行

右取　進止

乞罷學士除閑慢差遣劄子

元祐三年三月空日翰林學士朝奉郎知制誥兼侍讀蘇軾劄子奏臣近因宣召面奉　聖旨何故屢入文字乞郡臣具以疾病之狀對又蒙宣諭豈以臺諫

有言故耶兄弟孤立自來進用皆是　皇帝與
太皇太后主張不因他人今來但安心勿恤人言不
用更入文字求去臣退伏思念頃自登州召還至備
員中書舍人以前初無人言只從叅議役法及蒙擢
為學士後便為朱光庭王岩叟賈易韓川趙挺之等
攻擊不已以致羅織語言巧加醞釀謂之誹謗未入
試院先言任意取人雖蒙　聖主知臣無罪然臣竊
自惟蓋緣臣賦性剛拙議論不隨而寵禄過分地勢
侵迫故致紛紜亦理之當然也臣只欲堅乞一郡則
是孤負　聖知上違恩旨欲默而不乞則是與臺諫

爲敵不避其鋒勢必不安伏念臣多難早衰無心進
取得歸丘壑以養餘年其甘如薺今既未許請郡臣
亦不敢遠去左右只乞解罷學士除臣一京師閑慢
差遣如秘書監國子祭酒之類或乞只經筵供職庶
免衆人側目可以必安取　進止

東坡奏議卷第四

東坡奏議卷第五

轉對條上三事狀

論魏王在殯乞罷秋宴劄子

述灾沴論賞罰及修河事繳進歐陽脩議狀

劄子

乞郡劄子

辨舉王鞏劄子

論周種擅議配享自劾劄子二首

論邊將隱匿敗亡憲司體量不實劄子

薦何宗元十議狀

舉何去非換文資狀

論行遣蔡確劄子

乞將臺諫官章疏降付有司根治劄子

轉對條上三事狀

元祐三年五月一日翰林學士朝奉郎知制誥兼侍讀蘇軾狀奏准御史臺牒五月一日文德殿視朝臣次當轉對雖愚無知備位禁林懷有所見不敢不盡謹條上三事如左

一謹按唐太宗著司門令式云其有無門籍人有急奏者皆令監門司與仗家引奏不許關礙臣

以此知明庶務廣視聽深防蔽塞雖無門籍人猶得非時引見祖宗之制自兩省兩制近臣六曹寺監長貳有所欲言及典大藩鎮奉使一路出入辭見皆得奏事殿上其餘小臣布衣亦時特賜召問非獨以通下情知外事亦以考察群臣能否情僞非苟而已臣伏見　陛下嗣位以來惟執政日得上殿外其惟獨許臺諫官及開封知府上殿不過十餘人天下之廣事物之變決非十餘人者所能盡若此十餘人者不幸而非其人民之利病不以實告則　陛下便謂天

下太平無事可言豈不殆哉其餘臣僚雖許上
書言事而書入禁中如在天上不加反復詰問
何以盡利害之實而況天下事有不可以書載
者心之精微口不能盡而況書乎共惟 太皇
太后以盛德在位每事抑損以謙遜不居為美
雖然明目達聰以防壅塞此乃社稷大計豈可
以謙遜之故而遂不與群臣接哉方今天下多
事饑饉盜賊四夷之變民勞官冗將驕卒惰財
用匱乏之弊不可勝數而政出帷箔決之廟堂
大臣尤宜開兼聽廣覽之路而避專斷壅塞之

嫌非細故也伏望 聖慈更與大臣商議除臺諫開封知府已許上殿外其餘臣僚舊制許請間奏事及出入辭見許上殿者皆復 祖宗故事則天下幸甚

一凡為天下國家當愛惜名器慎重刑罰若愛惜名器則斗升之祿足以鼓舞豪傑慎重刑罰則笞杖之法足以震讋頑狡若不愛惜慎重則雖日拜卿相而人不勸動行誅戮而人不懼此安危之機人主之操術也自 祖宗以來用刑至慎習以成風故雖展年磨勘差替衝替之類皆

足以懲警在位獨於名器爵禄則出之太易每
一次科場放進士諸科及特奏名約八九百人
一次郊禮奏補子弟約二三百人而軍職轉補
雜色入流皇族外戚之薦不與自近世以來取
人之多得官之易未有如本朝者也今吏部一
官闕率常五七人守之爭奪紛紜廉耻道盡中
材小官闕遠食貧到官之後侵漁求取靡所不
為自　本朝以來官冗之弊未有如今日者也
伏見　祖宗舊制過省舉人　御試黜落不少
既以慎重取人又以見名器威福專在人主至

嘉祐末年始盡賜出身雖文理紕繆亦玷科舉

而近歲流弊之極至於雜犯亦免黜落皆非

祖宗本意又進士廾甲本為南省第一人唱名

近下方有　特旨皆是臨時出於　聖斷今來

南省第十人以上別試第一人國子開封解元

武舉第一人經明行脩舉人與凡該特奏名人

正及第者皆著令廾一甲紛然並進人不復以

廾甲為榮而法在有司恩不歸於人主甚無謂

也特奏名人除近上十餘人文詞稍可觀外其

餘皆詞學無取年迫桑榆進無所望退無所歸

使之臨政其害民必矣欲望　聖慈特詔大臣詳議今後進士諸科御試過落之法及特奏名出官格式務在精覈以藝取人不行小惠以收虛譽其著令廾甲指揮乞今後更不施行昔諸葛亮與法正論治道其略曰刑政不肅君臣之道漸以陵替寵之以位位極則賤順之以恩恩竭則慢吾今威之以法法行則知恩限之以爵爵加則知榮恩榮並濟上下有節爲治之要也唐德宗蒙塵山南當時事勢可謂危急少行姑息亦理之常而沿路進瓜果人欲與一試官陸

贄力言以為不可令天下晏然　朝廷清明何
所畏避而行姑息之政故臣願　陛下常以諸
葛亮陸贄之言為法則天下幸甚

一臣於前年十月内曾上言其略曰議者欲減任
子以救官冗之弊此事行之則人情不悅不行
則積弊不去要當求其分義務適厥中使國有
去弊之實人無失職之歎欲乞應奏蔭文官人
每遇科場隨進士考試武官即隨武舉或試法
人考試並三人中解一人仍年及二十五以上
方得出官内已曾舉進士得解者免試如三試

不中年及三十五已上亦許出官雖有三試留
滯之艱而無終身絶望之歎亦使人人務學不
墜其家為益不小後來不蒙降出施行切慮當
時　聖意必謂改元之初不欲首行約損之政
今者即位已四年矣官冗之病有增而無損財
用之乏有損而無增數年之後當有不勝其弊
者若　朝廷恬不為恠當使誰任其憂及今講
求臣恐其已晚矣伏乞檢會前奏早賜施行
右謹録奏　聞伏候　勑旨
論魏王在殯乞罷秋宴劄子

元祐三年八月二十一日翰林學士朝奉郎知制誥
兼侍讀蘇軾劄子奏臣近准鈐轄教坊所關到撰秋
燕致語等文字臣謹按春秋左氏傳昭公九年晉荀
盈如齊卒於戲陽殯於絳未葬晉平公飲酒樂膳宰
屠蒯趨入酌以飲工曰汝為君耳將司聰也辰在子
卯謂之疾日君徹燕樂學人舍業為疾故也君之卿
佐是謂股肱股肱或虧何痛如之汝弗聞而樂是不
聰也公說徹樂又按昭公十五年晉荀躒如周葬穆
后既葬除喪周景王以賓燕叔向譏之謂之樂憂夫
晉平公之於荀盈蓋無服也周景王之於穆后蓋期

喪也無服者未葬而樂屠蒯譏之朞喪者已葬而燕叔向譏之書之史冊至今以為非　仁宗皇帝以宰相富弼毋在殯為罷春宴傳之天下至今以為宜今魏王之喪未及卒哭而禮部太常寺皆以謂天子絕期不妨燕樂臣竊非之若絕期可以燕樂則春秋何為譏晉平公周景王乎魏王之親孰與卿佐遠比荀盈近比富弼之毋輕重亦有間矣魏王之葬既以陰陽拘忌別擇年月則當準禮以諸侯五月為葬期自今年十一月以前皆為未葬之月不當燕樂不可以權宜郊殯便同已葬也臣竊意　皇帝陛下篤於仁

孝必罷秋燕不待臣言但至今未奉指揮緣上件教
坊致語等文字準令合於燕前一月進呈臣既未敢
撰亦不敢稽延伏乞詳酌如以為當罷只乞自
皇帝陛下聖意施行更不降出臣文字臣忝備侍從
叨陪講讀不欲使人以絲毫議及　聖明故不敢不
奏取　進止
述災沴論賞罰及脩河事繳進歐陽脩議狀
劄子
元祐三年九月五日翰林學士朝奉郎知制誥兼侍
讀蘇軾劄子奏臣今日邇英進讀寶訓及雍熙浹化

間事　太宗皇帝每見時和歲豐雨雪應時喜不自
勝舉酒以屬群臣又是日熒惑與日同度太史奏言
當旱既而雨足歲豐臣讀至此因進言水旱雖天數
然人君修德可以轉災為福故宋景文公一言熒惑
退三舍元豐八年熒惑守心逆行犯房又逆而西垂
欲犯氐氐四星后妃之象也方是時　二聖在位發
政施仁惟恐不及臣視熒惑退舍甚速如有所畏不
敢復西以此知天人之應捷於影響　太宗皇帝親
致太平而每遇豐年若獲非常之福喜樂如此者豈
非水旱不作自是　朝廷難得之事乎書曰天聰明

自我民聰明匹夫匹婦有不獲其所猶能致水旱而
況政令之失小及一方大及四海其為災沴理在不疑
自　二聖嗣位于今四年恭儉慈孝至仁至公可謂
盡矣而四年之中非水則旱日月薄蝕五星相淩淫
雨大雪常寒久陰之類殆無虛月豈盛德之報也哉
臣愚無知竊謂　陛下身修而政未修故監司守令
多不得人百姓失職無所告訴謠怨上達以傷陰陽
之和所以致此者蓋由　朝廷賞罰不明舉措不當
之咎也臣請略而言之去年熙河諸將力戰以獲鬼
章此奇功也故增秩賜金涇原諸將閉門自守使賊

大掠而去若涉無人之境此罪人也亦增秩賜金賞
罰如此何以使人廣東妖賊岑探反圍新州差將官
童政救之政賊殺平民數千其害甚於岑探　朝廷
使江西提刑傅爕體量其事爕畏避權勢歸罪於新
州官吏又言新州官吏却有守城之功乞以功過相
除愚弄上下有同兒戲然卒不問岑探聚衆構謀經
年乃發而所部官吏茫不覺知使一方赤子肝腦塗
地然亦止於薄罰童政凶狡貪殘非一日之積而監
司乃令將兵討賊以致千人無辜就死亦止降一差
遣近日温杲誘殺平民十九人寃酷之狀所不忍聞

而杲止於降官監當蔡州捕盜吏卒亦殺平民一家五六人皆婦女無辜屠割刑體以為丈夫首級欲以請賞而守倅不按監司不問以至臣僚上言及行下本路乃云殺時可與不可辨認白日殺人不辨男女豈有此理乃是預為凶人開苟免之路事如此者非一臣不敢盡言特舉其甚者耳如此不過恩庇得無狀小人十數人正使此等歌詠愛戴不知有何補益而紀綱頹弛媮惰成風則千萬人受其害此得為仁乎大抵為國要在分別是非以行賞罰然後善人有所恃賴平人有所告訴若不窮究曲直惟務兩平則

君子無告小人得志天下之亂可坐而待此臣所謂賞罰不明之咎也黃河自天禧已來故道漸以淤塞每決而西以就下耳熙寗中決於曹村 先帝盡力塞之不及數年遂決小吴 先帝聖神知河之欲西北行也久矣今強塞之縱獲目前之安而旋踵復決必然之勢也故不復塞今都水使者王孝先乃欲於北京南開孫村河欲奪河身以復故道此豈獨一方之安危天下之休戚也古者舉大事謀及庶人上下僉同然猶有意外之患今内自工部侍郎都水屬官外至安撫轉運使及外監丞皆以為故道仰勢若登

屋功必無成而患有不可測者以至河北吏民無賢愚貴賤皆以為然獨一孝先以為可作臣聞自孫村至海口舊管堤埽四十五所役兵萬五千人勾當使臣五十員歲支物料五百餘萬自小吴之決故道諸埽皆廢不治堤上榆柳并根掘取殘零物料變賣無餘官吏役兵僅有存者使孫村之役不能奪過河身則官私財力舉為虛弃若幸而復行故道則四十五埽皆已廢壞横流之災必倍於今孝先建議之初略不及此近因人言沸騰方牒北外郡丞司云四十五埽並屬北外監丞司地分令一面相度枝梧又云因

檢計春料便令計置令來欲興脩四十五處已壞隄埽準備河水復行故道此莫大之役不貲之費也孝先當於建議之初首論其事待　朝廷上下熟議而行令孝先便將此役作常程熟事行與北外監丞司令一面管認意望敗事之後歸罪他人其爲欺罔實駭群聽其餘患害未易悉數但臣採察衆論以爲此役不可不罷若今歲罷役不過枉費九百萬物料虚役二萬兵工若更接續興脩則來歲當役數十萬人仍費三千餘萬此外民勞之極變故横生嗟怨之聲足以復致水旱若將三千萬物料錢作數年因水所

欲行之地稍立隄防增卑培薄數年之後必漸安流
何苦徇一夫之私計逆萬人之公論以興必不可行
之役乎此臣所謂措置不當之咎也臣竊見　仁宗
朝名臣歐陽脩為學士日有脩河議狀二篇雖當時
事宜而其所畫利害措置方略頗切今日之事臣以
為可用故輒繕寫進呈自　祖宗以來除委任執政
外仍以侍從近臣為耳目請間論事殆無虛日今自
垂簾以來除執政臺諫開封尹外更無人得對惟有
邇英講讀猶獲親近清光若復瘖默不言則是耳目
殆廢臣受恩深重不敢觀望上下苟為身謀謹備録

今日進讀之言上陳　聖鑒臣無任恐慄待罪之至
取進止
貼黄臣爲衰病眼昏所言機密又不敢令别人
寫録書字不謹伏望　聖慈特賜寛赦
乞郡劄子
元祐三年十月十七日翰林學士朝奉郎知制誥兼
侍讀蘇軾劄子奏臣近以左臂不仁兩目昏暗有失
儀曠職之憂堅乞一郡伏蒙　聖慈降詔不允遣使
存問賜告養疾恩禮之重萬死莫酬以臣子大義言
之病未及死皆當勉強雖有失儀曠職之罰亦不當

辭然臣終未敢起就職事者實亦有故言之則觸忤
權要得罪不輕不言則欺罔君父誅罰尤大故卒言
之臣聞之易曰君子安其身而後動又曰君不密則
失臣臣不密則失身以此知事君之義雖以報國爲
先而報國之道當以安身爲本若上下相忌身自不
安則危亡是憂國何由報恭惟　陛下踐祚之始收
臣於九死之餘半年之間擢臣爲兩制之首方將致
命豈敢告勞特以臣拙於謀身銳於報國致使臺諫
列爲怨仇臣與故相司馬光雖賢愚不同而交契最
厚光既大用臣亦驟遷在於人情豈肯異論但以光

所建差役一事臣實以為未便不免力爭而臺諫諸
人皆希合光意以求進用及光既歿則又妄意
陛下以為主光之言結黨橫身以排異議有言不便
約共攻之曾不知光至誠為民本不求人希合而
陛下虛心無我亦豈有所主哉其後又因刑部侍郎
范百禄與門下侍郎韓維爭議刑名欲守　祖宗故
事不敢以疑法殺人而諫官呂陶又論維專權用事
臣本蜀人與此兩人實是知舊因此韓氏之黨一例
疾臣指為川黨御史趙挺之在元豐末通判德州而
著作黄庭堅方監本州德安鎮挺之希合提舉官楊

景棻意欲於本鎮行市易法而庭堅以謂鎮小民貧
不堪誅求若行市易必致星散公文往來市人傳笑
其後挺之以大臣薦召試館職臣實對衆言挺之聚
歛小人學行無取豈堪此選又挺之妻父郭槩為西
蜀提刑時本路提舉官韓玠違法虐民　朝旨委槩
體重而槩附會隱庇臣弟轍為諫官劾奏其事玠槩
並行黜責以此挺之疾臣尤出死力臣二年之中四
遭口語發策草麻皆謂之誹謗未出省榜先言其失
士以至臣所薦士例加誣衊所言利害不許相見近
日王覿言胡宗愈指臣為黨孫覺言丁隲云是臣親

家臣與此兩人有何干涉而於意外巧構曲成以積
臣罪欲使臣橈推於十夫之手而使　陛下投杼於
三至之言中外之人具曉此意謂臣若不早去必到
傾危臣非不知　聖主天縱聰明察臣無罪但以臺
諫氣焰震動　朝廷上自執政大臣次及侍從百官
外至監司守令皆畏避其鋒奉行其意意所欲去勢
無復全天下知之獨　陛下深居法宮之中無由知
耳臣竊觀三代以下號稱明主莫如漢宣帝唐太宗
然宣帝殺蓋寬饒太宗殺劉洎皆信用讒言死非其
罪至今哀之宣帝初知蓋寬饒忠直不畏強禦自候

司馬擢為太中大夫司隸校尉不可謂不知之深矣而蓋寬饒上書有云五帝官天下三王家天下而當時讒人乃謂寬饒欲求禪位宣帝不察致使寬饒自剄北闕下太宗信用劉洎言無不從嘗比之魏文正公亦不可謂不知之深矣而太宗征遼患癰洎泣曰聖體不康甚可憂懼而當時讒人乃謂洎欲行伊霍之事太宗不察賜洎自盡二主非不明也二臣之受知非不深也恃明主之深知不避讒人積毀以至身首異處為天下笑臣今自度受知於　陛下不過如蓋寬饒之於漢宣帝劉洎之於唐太宗也而讒臣者

乃十倍於當時雖　陛下明哲寬仁度越二主然臣
亦豈敢恃此不去以卒蹈二臣之覆轍哉且二臣之
死天下後世皆言二主信讒邪而害忠良以為聖德
之累使此二臣者識幾畏漸先事求去豈不身名俱
泰臣主兩全哉臣縱不自愛獨不念一旦得罪之後
使天下後世有以議吾君乎昔　先帝召臣上殿訪
問古今勑臣今後遇事即言其後臣屢論事未蒙施
行乃復作為詩文寓物托諷庶幾流傳上達感悟
聖意而李定舒亶何正臣三人因此言臣誹謗遂得
罪然猶有近似者以諷諫為誹謗也今臣草麻詞有

云民亦勞止而趙挺之以為誹謗　先帝則是以白為黑以西為東殊無近似者臣以此知挺之險毒甚於李定舒亶何正臣而臣之被讒甚於蓋寬饒劉洎也古人有言曰為君難為臣不易臣欲依違苟且雷同衆人則内愧本心上負　明主若不改其操知無不言則怨仇交攻不死即廢伏望　聖慈念為臣之不易哀臣處此之至難始終保全措之不爭之地特賜指麾檢會前奏早賜施行臣無任感恩知罪祈天請命激切戰恐之至取　進止

貼黄鄭槩人材凡猥衆所共知既以附會小人

得罪近復擢為監司者蓋畏挺之口欲以苟悦其意正如向時王岩叟在言路時擢用其父苟龍知澶州妻父梁燾為諫議天下知其為岩叟也

又貼黄臣所舉自代人黄庭堅歐陽棐十科人王鞏制科人秦觀皆誣以過惡了無事實臣又曾建言乞行給田募役法吕大防范純仁皆深以為便方行下相度而臺諫爭言其不可更不得相度至今臣每見大防純仁皆咨嗟太息惜此法之不行但畏臺諫不敢行下耳

又貼黄中外臣寮畏避臺諫附會其言以欺
朝廷者皆有實狀但以事不關臣故不敢一一
奏陳耳

又貼黄陛下若謂臣此言狂妄即乞付外劾實
其事顯加黜責若以為然即乞留中省覽臣當
別具劄子乞郡付外施行

辨舉王鞏劄子

元祐三年十一月十五日翰林學士朝奉郎知制誥
兼侍讀蘇軾劄子奏臣近舉宗正寺丞王鞏充節操
方正可備獻納科竊聞臺諫官言鞏姦邪及離間宗

室因謟事臣以獲薦舉奉　聖旨除鞏西京通判謹
按鞏好學有文強力敢言不畏彊禦此其所長也年
壯氣盛鋭於進取好論人物多致怨憎此其所短也
頃者竄逐萬里偶獲生還而容貌如故志氣逾厲此
亦有過人者故相司馬光深知之待以國士與之往
返論議不一臣以為所短不足以廢所長故為國收
才以備選用去歲以來吏民上書葢數千人　朝廷
委司馬光看詳擇其可用者得十五人又於十五人
中獨稱獎二人孔宗翰與鞏是也鞏緣此得減二年
磨勘仍擢為宗正寺丞則臣之稱薦與光之擢用其

事正同若果是姦邪臺諫當此時何不論奏羣上疏
論宗室之疏遠者不當稱皇井皇伯雖未必中理然
不過欲尊君抑臣務合古禮而已何名爲離間哉況
羣此議執政多以爲非獨司馬光深然之故下禮部
詳議又兵部侍郎趙彦若亦曾建言若果是離間光
亦離間也彦若亦離間也方行下有司時臺諫初無
一言及光没之後乃有姦邪離間之説則是羣之邪
正係光之存亡非公論也羣與臣世舊幼小相知從
臣爲學何名謟事三者之論了無一實上賴　聖明
不以此罪羣亦不以此責臣止除外官以厭塞言者

之意臣復何所辨論但痛司馬光死未數月而所賢

之士變爲姦邪又傷言者本欲中臣而累及鞏誣罔

之漸懼者甚衆是以冒昧一言伏深戰越取　進止

貼黄臣曾親聞司馬光稱鞏忠意及見光親書

簡帖與鞏往復議論政事及有手簡與李清臣

稱鞏之賢眞迹見在

論周穜擅議配享自劾劄子二首

元祐三年十二月二十一日翰林學士朝奉郎知制

誥兼侍讀蘇軾劄子奏臣先任中書舍人日勅舉學

官曾舉江寧府右司理參軍周穜蒙　朝廷差充鄆

州州學教授近者竊聞種上疏言　朝廷當以故相
王安石配享　神宗皇帝謹按漢律擅議宗廟者棄
市自高后至文景武宣皆行此法以尊宗廟重朝廷
防微杜漸蓋有深意本朝自　祖宗以來推擇元勳
重望始終全德之人以配食列聖蓋自天子所不敢
專必命都省集議其人非天下公議所屬不在此選
既上詔云恭依冊告宗廟然後敢行其嚴如此豈有
既行之後復請疏遠小臣各出私意以議所配若置
而不問則宗廟不嚴而朝廷輕矣竊以安石平生所
為是非邪正中外具知難逃　聖鑒　先帝蓋亦知

之故置之閑散終不復用今已改青苗等法而廢退
安石黨人呂惠卿李定之徒至於學校貢舉亦已罷
斥佛老禁止字學大議已定行之數年而 先帝配
享已定用富弼天下翕然以為至當穜復何人敢建
此議意欲以此嘗試 朝廷漸進邪說陰唱群小此
孔子所謂行險僥倖居之不疑者也而臣忝備侍從
謬於知人至引此人以汙學校若又隱而不言則罔
上黨奸其罪愈大謹自劾以待罪伏望 聖慈特勑
有司議臣妄舉之罪重賜責降以儆在位取 進止

又

元祐三年十二月日翰林學士朝奉郎知制誥兼侍
讀蘇軾劄子奏臣近上言以所舉學官周穜擅議
先帝配享欲以嘗試　朝廷漸進邪說陰唱群小乞
下有司議臣妄舉之罪重行責降以警在位至今累
日未奉旨揮切以爲國之本在於明賞罰辨邪正二
者不立亂亡隨之易曰大君有命開國承家小人勿
用象曰大君有命以正功也小人勿用必亂邦也昔
郭公善善惡惡而不免於亡者以善善而不能用惡
惡而不能去也臣觀　二聖嗣位以來斥逐小人如
呂惠卿李定蔡確張誠一吴居厚崔台符楊汲王孝

先何正臣盧秉蹇周輔王子京陸師閔趙濟中官李
憲宋用臣之流或首開邊隙使兵連禍結或漁利權
財為國斂怨或倡起大獄以傾陷善良其為姦惡未
易悉數而王安石實為之首今其人死亡之外雖已
退處閑散而其腹心羽翼布在中外懷其私恩冀其
復用為之經營遊説者甚衆皆矯情匿迹有同鬼蜮
其黨甚堅其心甚一而明主不知臣實憂之夫君子
之難致如麟鳳色斯舉矣翔而後集況可靡而卻之
乎小人之易進如蛆蠅腥膻所聚瞬息千萬況可招
而來之乎　朝廷日近稍寬此等如李憲乞於近地

居住王安禮抗拒恩詔蔡確乞放還其弟皆即聽許
崔台符王孝先之流不旋踵進用楊汲亦漸牽復呂
惠卿窺見此意故敢乞居蘇州此等皆民之大賊國
之巨蠹得全首領以為至幸豈可與尋常一眚之臣
計日累月洗雪復用哉今既稍寬之後必漸用之如
此不已則惠卿蔡確之流必有時而用青苗市易等
法必有時而復何以言之將作監丞李士京者邪佞
小人衆所嗤鄙而大臣不察稍稍引用以汙寺監猶
能建開壕之議為脩城之漸其策既行遂唱言於衆
欲次復用臣茶磨之法由此觀之惠卿蔡確之流何

憂不用青苗市易等法何憂不復哉昔盧杞責降既以經涉累赦德宗欲與一小部舉朝憂恐而宰相李勉給事中袁高諫官趙需裴（犯御名）宇文炫盧景亮張薦常侍李泌等皆以死爭之勉等非惜一郡也知杞得郡不已必將復用一炬有燎原之憂而濫觴有滔天之禍故也今周種草芥之微而敢建此議蓋有以啓之矣昔淮南王謀反所憚獨汲黯以謂說公孫丞相若發蒙耳今種蟣蝨小臣而敢為大姦愚弄　朝廷若無人然不幸而有淮南王當復誰憚乎臣不敢遠引古人但使執政之中有如富弼韓琦臺諫之中有

如包拯吕誨或司馬光尚在此鼠輩敢爾哉昔王安
石在　仁宗英宗朝矯詐百端妄竊大名或以為可
用惟韓琦獨識其姦終不肯進使琦不去位安石何
由得志以此知辨人物之邪正消禍患於未萌眞宰
相事也臣數日以來竊聞執政之議多欲薄臣之責
而寬種之罪若果如此則是使今後近臣輕引小人
而惠卿之流有以卜　朝廷之輕重事關消長憂及
治亂伏望特出宸斷深詔有司議臣與種之罪不可
輕恕縱使　朝廷察臣本無邪心止是暗繆亦乞借
臣以立法則臣上荷知遇雖云得罪實同被賞若蒙

寬貸則是私臣之身而廢天下之法臣之愧耻若撻
于市不勝憤懣憂國之心意切言慤伏俟誅譴取
進止

貼黄周種州縣小吏意在寸進而已今忽猖狂
首建大議此必有人居中陰主其事不然者種
豈敢出位犯分以揺天聽乎此臣所以不得不
再三論列也

論邊將隱匿敗亡憲司體量不實劄子

元祐三年閏十二月四日翰林學士知制誥兼侍讀
蘇軾劄子奏臣近以目昏臂痛堅乞一郡蓋亦自知

受性剛褊黑白太明難以處衆伏蒙　聖慈降詔不
許兩遣使者存問慰安天恩深厚淪入骨髓臣謂此
恩當以死報不當更計身之安危故復起就職而職
事清閑未知死所每因進讀之間事有切於今日者
輙復盡言庶補萬一昨日所讀寶訓有云淳化二年
上謂侍臣諸州牧監馬多瘦死蓋養飼失時枉致病
斃近令取十數槽寘殿庭下視其芻秣教之養療庶
革此弊臣因進言馬所以病蓋將吏不職致圉人盜
減芻粟且不卹其飢飽勞逸故也馬不能言無由申
訴故　太宗至仁深哀憐之寘之殿庭親加督視民

之於馬輕重不同若官吏不得其人人雖能言上下
隔絕不能自訴無異於馬馬之飢瘦勞苦則有蹷踣
奔逸之憂民之困窮無聊則有溝壑盜賊之患然而
四海之衆非如養馬可以寘之殿庭惟當廣任忠賢
以為耳目若忠賢踈遠諂佞在傍則民之疾苦無由
上達秦二世時陳勝吳廣已屠三川殺李由而二世
不知陳後主時隋兵已渡江而後主不知此皆昏主
不足道如唐明皇親致太平可謂明主而張九齡死
李林甫楊國忠用事鮮于仲通以二十萬人沒于雲
南不奏一人反更告捷明皇不問以至上下相蒙祿

山之亂兵已過河而明皇不知也今　朝廷雖無此
事然臣聞去歲夏賊犯鎮戎所殺掠不可勝數或云
至萬餘人而邊將乃奏云野無所掠其後　朝廷訪
聞委提刑司體量而提刑孫路止奏十餘人乞
朝廷先賜放罪然後體量實數至今遷延二年終未
結絕聞奏凡死事之家官所當卹若隱而不奏則生
死銜寃何以使人此豈小事而路為耳目之司既不
隨事奏聞　朝廷既行蒙蔽又乞放罪遷延侮玩一
至于此臣謂此風漸不可長馴致其患何所不有此
臣之所深憂也臣非不知　陛下必已厭臣之多言

左右必已厭臣之多事然受恩深重不敢自同衆人若以此獲罪亦無所憾取 進止

薦何宗元十議狀

元祐三年閏十二月十九日翰林學士朝奉郎知制誥兼侍讀蘇軾狀奏右臣伏見 朝廷近制川峽四路員缺並歸吏部注擬臣竊原 聖意蓋爲蜀道險遠人材衆多若就本路差除則士皆懷土重遷老死鄉邑可用之人 朝廷莫得而器使也士雖在遠亦識此意聞命忻然皆有不遠千里觀光求用之心然法行數年未見 朝廷非次擢用一人此乃如臣等

輩不舉所聞之過也伏見蜀人朝奉郎新差通判延
州事何宗元吏道詳明士行修飾學古著文頗適於
用近以所著十議示臣文詞雅健議論審當臣愚不
肖謂可試之以事觀其所至謹繕寫十議上進伏望
聖慈降付三省詳看如有可採乞隨才録用非獨以
廣育材之道亦以慰荅遠方多士求用之意也謹録
奏聞伏候　勑旨

舉何去非換文資狀

元祐四年正月　日翰林學士朝奉郎知制誥兼侍
讀蘇軾狀奏右臣伏見左侍禁何去非本以進士六

舉到省元豐五年以特奏名就御庭唱名　先帝見
其所對策詞理優贍長於論兵因問去非願與不願
武臣官去非不敢違　聖意遂除右班殿直武學教
授後遷博士今已八年嘗見其所著述材力有餘識
度高遠其論歷代所以廢興成敗皆出人意表有補
於世去非雖喜論兵然本儒者不樂為武吏又其他
文章無施不宜欲望　聖慈特與換一文資仍令充
太學博士以率勵學者稍振文律庶幾近古若後不
如所舉臣等甘伏　朝典謹録奏　聞伏候　勑旨
奉　聖旨特授承事郎依舊武學博士

論行遣蔡確劄子

元祐四年四月十一日龍圖閣學士朝奉郎知杭
州蘇軾劄子奏臣近以　聖恩哀臣病特許補外
臣竊自惟受恩深重不敢以出入之故便同衆人有
所聞見而不盡言竊聞臣僚有繳進蔡確詩言涉謗
讟若臣與確元非知舊實自惡其爲人今來非敢爲
確開說但以所係國體至重天下觀望二聖所爲
若行遣失當所損不小臣爲侍從合具奏論若
朝廷薄確之罪則天下必謂　皇帝陛下見人毀謗
聖母不加忿疾其於孝治所害不淺若深罪之則議

者亦或以謂　太皇太后陛下聖量寬大與天地等

而不能容受一小人謗怨之言亦於仁政不為無累

臣欲望　皇帝陛下降勑令有司置獄追確根勘然

後　太皇太后內出手詔云吾之不德常欲聞謗以

自儆今若罪確何以來天下異同之言矧確嘗為輔

臣當知臣子大義今所繳進未必眞是確詩其一切

勿問仍牓朝堂如此處置則　二聖仁孝之道實為

兩得天下有識自然心服臣不勝愛君憂國之心出

位僭言謹伏誅殛取　進止

乞將臺諫官章疏降付有司根治劄子

元祐四年四月十七日龍圖閣學士朝奉郎新知杭
州蘇軾劄子奏臣近以臂疾堅乞一郡已蒙　聖恩
差知杭州臣初不知其他但謂　朝廷哀憐衰疾許
從私便及出朝參乃聞班列中紛然皆言近日臺官
論奏臣罪狀甚多而　陛下曲庇小臣不肯降出故
許臣外補臣本畏滿盈力求閑退既獲所欲豈更區
區自辨但竊不平數年以來親見　陛下以至公無
私治天下今乃以臣之故使人上議　聖明以謂抑
塞臺官私庇近侍其於君父所損不小此臣之所以
不得不辨也臣平生愚拙罪戾固多至於非義之事

自保必無只因任中書舍人日行呂惠卿等告詞極數其凶慝而弟轍為諫官深論蔡確等姦回確與惠卿之黨布列中外共讎疾臣近日復因臣言鄆州教授周種以小臣而為大姦故黨人共出死力搆造言語無所不至使臣誠有之則　朝廷何惜竄逐以示至公若其無之臣亦安能以皎然之身而受此曖昧之謗也人主之職在於察毀譽辨邪正夫毀譽既難察邪正亦不易辨惟有坦然虛心而聽其言顯然公行而考其實則眞妄自見讒構不行若陰受其言不考其實獻言者既不蒙聽用而被謗者亦不為辨明

則小人習知其然利在陰中浸潤膚受日進日深則
公卿百官誰敢自保懼者甚衆豈惟小臣此又臣非
獨為一身而言也伏望　聖慈盡將臺諫官章疏降
付有司令盡理根治依法施行所貴天下曉然知臣
有罪無罪自有正法不是　陛下屈法庇臣則臣雖
死無所恨矣夫君子之所重者名節也故有捨生取
義殺身成仁可殺不可辱之語而爵位利禄蓋古者
有志之士所謂鴻毛弊屣也人臣知此然後可與事
君父言忠孝矣今　陛下不肯降出臺官章疏不過
為愛惜臣子恐其萬一實有此事不免降黜而不念

臣元無一事空受誣衊聖明在上瘖嗚無告重壞臣
爵位而輕壞臣名節臣切痛之意切言盡伏俟誅殛
取進止
貼黄臣所聞臺官論臣罪狀亦未知虛實但以
議及　聖明故不得不辨若臺官元無此䟽則
臣妄言之罪亦乞施行
又貼黄臣今方遠去闕庭欲望　聖慈察臣孤
立今後有言臣罪狀者必乞付外施行

東坡奏議卷第五